3r

12 MARS 1866

CATALOGUE

DES

TABLEAUX

ANCIENS

DES DIFFÉRENTES ÉCOLES

FORMANT LA

Collection de la Famille WINNEN, de Bruxelles

DONT LA VENTE AUX ENCHÈRES PUBLIQUES AURA LIEU

HOTEL DROUOT

Salle n° 5

Le Lundi 12 Mars 1866

A DEUX HEURES

Par le ministère de **Me ESCRIBE**, Commissaire-Priseur,
rue Saint-Honoré, 217,
Assisté de M. **HORSIN DÉON**, Peintre, rue Chabanais, 1,
Chez lesquels se distribue le présent Catalogue.

Exposition Publique

LE DIMANCHE 11 MARS 1866, DE UNE HEURE A CINQ HEURES

PARIS
RENOU & MAULDE
IMPRIMEURS DE LA COMPAGNIE DES COMMISSAIRES-PRISEURS
Rue de Rivoli, 144.

1866

CATALOGUE

DES

TABLEAUX

ANCIENS

DES DIFFÉRENTES ÉCOLES

FORMANT LA

Collection de la Famille WINNEN, de Bruxelles

DONT LA VENTE AUX ENCHÈRES PUBLIQUES AURA LIEU

HOTEL DROUOT

Salle n° 5

Le Lundi 12 Mars 1866

A DEUX HEURES

Par le ministère de **Me ÉSCRIBE**, Commissaire-Priseur,
rue Saint-Honoré, 217,

Assisté de M. **HORSIN DÉON**, Peintre, rue Chabanais, 1,

Chez lesquels se distribue le présent Catalogue.

Exposition Publique

LE DIMANCHE 11 MARS 1866, DE UNE HEURE A CINQ HEURES

PARIS – 1866

CONDITIONS DE LA VENTE

Elle sera faite au comptant.

Les acquéreurs paieront, en sus des adjudications, 10 centimes par franc, applicables aux frais.

La Collection dont nous offrons le Catalogue est très-anciennement formée. Elle se compose en grande partie de Tableaux restés indivis dans la famille de M. WINNEN. M. Henri WINNEN l'augmenta par des acquisitions faites dans diverses Ventes de Cabinets estimés.

Aucune idée de spéculation n'a présidé à la vente de la Collection que nous livrons aux enchères, on a voulu la faire sortir de l'indivision dont elle est l'objet depuis de longues années. Nous prions MM. les Amateurs et Spéculateurs de vouloir bien visiter notre Exposition, convaincus qu'ils y rencontreront des ouvrages dignes de tout leur intérêt.

DÉSIGNATION

DES

TABLEAUX

ÉCOLES ALLEMANDE, FLAMANDE ET HOLLANDAISE

ABTSHOVEN (THÉODORE)

1 — Paysage avec réunion de personnages à la porte d'un cabaret.

Bois.—H. 40 c. L. 53.

ADRIAENSSENS (ALEXANDRE)

2 — Nature morte.

Sur une table de pierre sont déposés un panier de cuivre contenant des légumes, une passoire de terre rouge dans laquelle sont deux poissons, et pêle-mêle sur la table des quartiers de saumon, des melons d'eau, des citrons, des huîtres ouvertes et des raves.

Toile.—H. 75 c. L. 113 c.

ASSELYN (Jean)

3 — Paysage; site d'Italie.

Plusieurs personnages, les jambes nues, traversent une plaine marécageuse bornée à l'horizon par des montagnes et coupée par des falaises. Sur l'une d'elles, à gauche du premier plan, se voit une villa.

Un soleil levant égaie ce tableau d'un effet piquant.

Collection Van Vasseghem, à Gand.

Toile.—H. 52 c. L. 67 c.

BALEN (Henri van)

4 — Vision de saint François d'Assise.

Saint François est à genoux aux pieds de la sainte Vierge qui se penche de son côté en l'attirant à elle. L'Enfant Jésus sur les genoux de sa mère présente sa main à saint Jean debout près de lui.

Ce gracieux groupe est couronné par quatre anges formant une ronde en voltigeant au-dessus de la tête de la mère de Dieu.

La couleur claire et brillante, le dessin correct, la composition de ce ravissant tableau, rappellent les beaux ouvrages du Guide dont Van Balen s'est incontestablement inspiré dans celui-ci.

Collection de M. Servaes, à Tirlemont.

Bois.—H. 40 c. L. 31 c.

BOL (Ferdinand)

5 — Moïse frappant le rocher.

Entouré de femmes, d'enfants, de prêtres, parmi lesquels se voit un cavalier vêtu d'une armure, Moïse, debout, frappe le rocher et en fait jaillir l'eau si ardemment attendue.

Une couleur vraie et argentine, une belle exécution recommandent ce beau tableau.

Collection du baron de Normand, à Gand.

Toile.—H. 167 c. L. 136 c.

BOTH (Genre de Jean)

6 — Paysage-Marine.

Bois.—H. 59 c. L. 83 c.

BRACKENBURG (Richard)

7 — Intérieur de tabagie.

Un jeune homme, le chapeau sur l'oreille, délaisse sur un billot servant de table, et sa pipe et sa bière, pour courtiser une femme placée près de lui. Elle tient d'une main un vase d'étain et de l'autre un verre qu'elle suspend de remplir pour l'écouter. Mais derrière eux, une vieille femme semble les rappeler à l'ordre. — Dans le fond, assis autour d'une table et sur un banc près du groupe principal, sont d'autres personnages animés d'idées non moins joyeuses, ce qui forme un ensemble rempli de mouvement et de gaîté.

Collection du baron de Normand, à Gand.

Toile.—H. 42 c. L. 50 c.

BRAUWER (Attribué à)

8 — Un Fumeur.

BREKELENKAMP (Genre de)

9 — La Sieste.

Toile.—H. 19 c. L. 15 c.

BREUGHEL (Jean), dit de VELOURS

10 — Paysage.

La vue s'étend au loin. A droite est une abbaye entourée d'eau; à gauche, un village, et, sur le premier plan, une route sur laquelle se voient des voitures, des cavaliers et un coureur.

Bois.—H. 21 c. L. 32 c.

11 — Paysage montagneux avec route au bord d'une rivière.

Bois.—H. 21 c. L. 32 c.

BRUYN (Barthélemy van)

12 — Portrait d'Homme.

Il est vu à mi-jambes assis dans un fauteuil. Il tient de la main droite un papier, et la gauche est entr'ouverte sur le bras du fauteuil; son costume est des plus pittoresques, son surtout en drap vert est doublé de fourrure. Il est vêtu d'une casaque de velours violet et son justaucorps à larges manches est d'étoffe rouge. Il porte toute sa barbe, les cheveux courts, et est coiffé d'une toque. Il se détache sur un fond de muraille à laquelle ses armoiries sont appendues.

Bois.—H. 112 c. L. 84 c.

13 — Portrait de Femme.

Elle est de même assise dans un fauteuil. De la main gauche elle tient ses gants, autour de la droite est entortillée une châtelaine qui vient s'agrafer au fermoir d'une chaîne d'or qui lui sert de ceinture. Elle est coiffée d'un bonnet, sa poitrine est couverte d'une guimpe brodée d'or et de perles. Sa robe est noire, son pardessus est d'étoffe brune, et de ses manches de velours rouge s'échappent des manchettes brodées. Ce portrait se détache également sur un fond de muraille à laquelle ses armoiries sont aussi appendues. (Pendant du précédent.)

Ces curieux et remarquables portraits proviennent de la collection du baron de Normand, de Gand.

Bois.—H. 112 c. L. 84 c.

CARRÉ (Henri)

14 — Paysage; site d'Italie avec animaux.

Toile.—H. 100 c. L. 111 c.

CRAESBEKE (Genre de Joseph)

15 — Homme lisant la gazette à une femme.

Bois.—H. 19 c. L. 19 c.

16 — Scène de cabaret.

Bois.—H. 24 c. L. 20 c.

CRAYER (Attribué à)

17 — Sainte Famille.

Saint Joseph adresse la parole à l'Enfant Jésus debout sur les genoux de sa mère. Un peu en arrière, un ange cherche à attirer les regards du divin Enfant sur une couronne qu'il tient à la main.

Toile.—H. 204 c. L. 151 c.

DECKERS (François). Signé

18 — Samson et Dalila.

Samson est endormi aux pieds de Dalila, la courtisane profite du sommeil de son amant pour livrer sa chevelure aux ciseaux d'un esclave. Une vieille femme cachée dans les rideaux du lit sur lequel est assise Dalila, vient, en lui montrant une clé, l'avertir qu'elle a livré l'entrée du palais aux Philistins. A la droite du tableau est une table qu'un autre esclave couvre de l'or, prix de la trahison.

Collection Chapuis, de Bruxelles.

Toile.—H. 65 c. L. 79 c.

DENNER (Balthazar)

19 — Portrait de vieille Femme.

Collection de M. le docteur Groenendael, de Malines.

Toile.—H. 76 c. L. 64 c.

DICK (Antoine van)

20 — Descente de croix.

Le corps du Christ est descendu de la croix maintenu par plusieurs personnages montés sur des échelles. L'un d'eux arrache le dernier clou qui retient le Sauveur à l'instrument de son supplice. La Vierge éplorée étend les bras pour recevoir les restes inanimés de son divin Fils que la Madeleine agenouillée au pied de la croix, aide à descendre. (Grisaille.)

Collection du baron de Normand, de Gand.

Bois.—H. 35 c. L. 25 c.

DIÉTRICH (CHRÉTIEN-GUSTAVE)

21 — Attaque d'un convoi.

Il est attaqué près d'une rivière que ses conducteurs cherchent à traverser.
Collection du baron de Normand, à Gand.

Bois.—H. 26 c. L. 41 c.

22 — Agar chassée par Abraham.

Toile.—H. 62 c. L. 50 c.

DUCQ (Genre de JEAN LE)

23 — Seigneurs à table.

Bois.—H. 46 c. L. 40 c.

DURER (Attribué à ALBERT).

SIGNÉ DU MONOGRAMME A. D.

24 — Saint Jérôme.

Il est à genoux, tenant une pierre d'une main et un crucifix de l'autre. Son manteau et son chapeau de cardinal sont jetés sur une branche d'arbre. Son lion est couché à peu de distance de lui; cette figure se détache sur un fond de paysage montagneux dans lequel on aperçoit une église.
Collection de M. le comte Vanarendel, à Amsterdam.

Bois.—H. 87 c. L. 65 c.

EVERDINGEN (Genre de)

25 — Paysage montagneux avec cascade.

Bois.—H. 50 c. L. 74 c.

EYCK (JEAN VAN)

26 — Mariage de sainte Catherine.

La Vierge, assise sur un trône, coiffée d'un turban blanc, vêtue d'une longue robe et d'un manteau bleu, tient son divin Fils agenouillé sur elle. A sa droite est sainte Catherine à laquelle l'Enfant Jésus passe au doigt un anneau tandis qu'à sa gauche sainte Barbe reçoit d'elle une couronne.
Collection de M. Smets Steenecrays, à Malines.

Bois.—H. 44 c. L. 53 c.

EYCK (Attribué à JEAN VAN)

27 — Mariage de sainte Catherine.

Dans un paysage, la Vierge assise pressant l'Enfant Jésus sur son sein, saint Joseph à ses côtés; en face, sainte Catherine agenouillée présentant une alliance, sainte Claire assise lisant dans un Missel, composent ce tableau.

Collection Steenecrays, à Malines.

Bois.—H. 66 c. L. 46 c.

EYCK (École de VAN)

28 — La Vierge, l'Enfant et deux saintes.

La Vierge Marie est dans un paysage, pressant son divin Fils contre son sein; à sa droite, sainte Barbe agenouillée lui offre un vase de parfums; à sa gauche sainte Claire, assise près d'elle, lit dans un Missel qu'elle tient sur ses genoux.

Bois.—H. 85 c. L. 62 c.

FOUCHIER (BERNARD)

29 — La Lecture intéressante.

Bois.—H. 34 c. L. 25 c.

FYT (JEAN)

30 — Chiens et Gibier.

Toile.—H. 100 c. L. 121 c.

GLAUBER (JEAN-GODLIEB)

31 — Paysage; site d'Italie.

Au fond, une ville, au centre, une rivière; sur le premier plan, de beaux arbres ombragent une route.

Collection de M. le baron de Normand de Gand.

Toile.—H. 31 c. L. 37 c.

HALS (François)

32 — Flamand résistant aux agaceries d'une femme en faveur de son pot de bière.

Collection Pieter Lia, échevin à Amsterdam en 1704.

Bois.—H. 64 c. L. 48 c.

HALS (Genre de François)

33 — Portrait d'Homme avec mains.

Toile.—H. 58 c. L. 45 c.

HEEM (David de)

34 — Tableau de fruits.

Un raisin, trois pêches déposés sur une table de marbre, un colimaçon, une mouche composent seuls ce tableau séduisant par sa brillante couleur.

Collection baron de Normand, de Gand.

Bois.—H. 36 c. L. 25 c.

HERP (Girard van)

35 — Scène de l'Enfant prodigue.

A la fin d'un repas somptueusement servi, l'enfant prodigue est à table entouré de femmes et d'amis. Il pince de la mandoline en s'adressant à une jeune femme placée près de lui, qui semble l'écouter avec ravissement. Les amis qui l'entourent sont occupés également à chanter ou à deviser amoureusement avec leurs voisines. Sur la gauche une jeune femme assise au coin de la table, accompagne les chants de l'amphitryon sur sa mandoline; à droite un page apporte une lumière et sur un plat d'argent des pipes et du tabac. Dans le fond on aperçoit la cuisine. Il règne dans toute cette composition un désordre, un entrain qui, joints à une couleur brillante, font de ce tableau une œuvre des plus agréables.

Bois.—H. 70 c. L. 50 c.

HERT (De)

36 — Le Jeu de cartes.

Dans l'intérieur d'un cabaret, trois paysans jouent aux cartes sur un banc. Au fond, d'autres sont à table.

Bois.—H. 45 c. L. 57 c.

HEYDEN (Jean van der)

37 — Intérieur de ville.

Au centre d'une place est une église et çà et là quelques petites figures. Ce tableau, d'une grande finesse de ton, quoique peu terminé, possède pourtant tout le charme du maître.

Collection Servaes à Tirlemont.

Bois.—H. 24 c. L. 32 c.

HOBBÉMA (Meindert)

38 — Paysage.

Dans une plaine on voit une ferme au toit de tuiles rouges avec ses granges et dépendances couvertes de chaume. Sur le premier plan coule une rivière au bord de laquelle s'élèvent de grands arbres qui occupent toute la gauche du tableau et étendent leur feuillage sur un ciel nuageux mais brillant. Une petite figure sur un escalier de bois qui conduit à la rivière animerait seule ce paysage si un rayon de soleil ne lui donnait la vie en parant des plus vives couleurs la terre et les vieilles murailles et en faisant scintiller le feuillage, les herbes et les plantes, et ne dotait cet ensemble d'un charme infini de vérité en même temps que d'un effet des plus piquants.

Collection de M. Bekkers, de Cologne.

Toile.—H. 90 c. L. 80 c.

HOBBÉMA (Imitation de)

39 — Paysage.

Une blanchisserie.

Bois.—H. 42 c. L. 62 c.

HOET (GÉRARD)

40 — Nymphes et Satyres.

Près d'un temple devant lequel s'élève une statue du dieu Pan que des Amours entourent de guirlandes de verdure, des nymphes accompagnent sur le triangle et le tambour de basque un satyre qui danse en portant un enfant sur ses épaules.

Bois.—H. 42 c. L. 34 c.

HOLBEIN (Attribué à)

41 — Portrait d'Homme.

Bois.—H. 36 c. L. 30 c.

JANSON (JEAN)

42 — Intérieur d'étable.

Bois.—H. 38 c. L. 48 c.

JANSSENS (CORNEILLE)

43 — Réunion de famille.

Tous les membres d'une famille se sont rassemblés, les uns pour faire de la musique, les autres pour l'entendre. Le morceau vient de finir car deux demoiselles distribuent des gâteaux et des rafraîchissements. Onze personnages qui sont autant de portraits, composent cette réunion, où l'on distingue trois capucins qui se tiennent modestement à l'écart.

JORDAENS (JACQUES)

44 — Le Satyre et le passant.

Notre tableau nous introduit dans la demeure du Satyre, sa famille y est rassemblée et entoure la table à laquelle il reçoit son hôte. On y voit sa femme, son enfant et la grand'mère, assise dans une espèce de panier sur lequel un coq est perché. Contre ce bizarre fauteuil, la servante, belle Flamande coiffée d'un chapeau de paille, est accoudée. Le chien de la maison n'est pas oublié, il est placé au premier plan.

L'action représente le moment où le Satyre, tout surpris de voir le paysan souffler sur sa soupe, lui demande de s'expliquer.

Toile.—H. 84 c. L. 1 m. 60 c.

KNIP (Nicolas-Frédérick)

45 — Paysage montagneux avec figures de chasseurs.

Toile.—H. 42 c. L. 53 c.

KOBELL (Jean)

46 — Paysage et animaux.

Toile.—H. 37 c. L. 37 c.

KONINCK (Attribué à Philippe)

47 — Un Savant.

Il est assis près d'une table sur laquelle sont des papiers, une mappemonde et autres accessoires.

Toile.—H. 81 c. L. 49 c.

K... 1540 (Signé)

48 — Jésus descendu de la croix.

Bois.—H. 60 c. L. 46 c.

LAHAYE (Signé R. de)

49 — Portrait d'Homme.

Collection de M. le comte Vanarendel d'Amsterdam.

Toile.—H. 55 c. L. 44 c.

LAIRESSE (Gérard de)

50 — **Mercure et Hersé.**

Mercure change en pierre Aglaure, fille de Cécrops, roi d'Athènes, qui veut l'empêcher de pénétrer jusqu'à sa sœur. — Hersé, sur un magnifique lit de repos, se lève au bruit de l'arrivée du dieu. Elle est entourée d'Amours qui secondent sans doute les efforts de son divin amant.

Toile—H. 63 c. L. 78 c.

LEYS (Le baron Henri)

51 — Intérieur d'estaminet.

Bois.—H. 21 c. L. 24 c.

52 — Marguerite d'Autriche.

Toile.—H. 46 c. L. 32 c.

MAAS (Dirck)

53 — Chasse à l'ours.

Toile.—H. 64 c. L. 80 c.

MABUSE (Jean de)

54 — **Bénédiction de l'Enfant Jésus.**

Sous un péristyle de marbre enrichi de sculpture, l'Enfant Jésus assis sur les genoux de sa mère qui lui soutient le bras, donne sa bénédiction à un jeune diacre agenouillé devant lui. Il lui est présenté par un abbé en grand costume sacerdotal.

Le fond est un paysage dans lequel on aperçoit sur des rochers un château fort sans doute une abbaye, et les fermes et le moulin qui en dépendent.

Ce tableau remarquable est d'une couleur brillante et d'un fini précieux.

Bois.—H. 98 c. L. 63 c.

MABUSE (École de JEAN DE)

55 — Sainte Famille.

La Vierge assise devant une table sur laquelle sont déposés des cerises et un plat d'argent avec des pommes et des poires, offre un de ces fruits à l'enfant qu'elle presse contre son sein. Un peu en arrière, saint Joseph semble jouir des caresses que Jésus prodigue à sa mère. Au-dessus de ce groupe plane un ange qui vient déposer une couronne sur la tête de Marie.

Bois.—H. 73 c. L 50 c.

MAREES (J. DE)

56 — Portrait de Femme avec mains.

57 — Portrait d'Homme. (Son pendant.)

Toile.—H. 94 c. L. 31 c.

MEMMELINCK

58 — Portraits d'Homme et de Femme.

Ils sont vus à mi-corps, joignant tous deux les mains et semblant prier. L'homme, déjà d'un certain âge, le front chauve, porte ses cheveux tombant sur les épaules. Il est vêtu d'un surtout garni de fourrure. Son justaucorps est de velours cramoisi. Il se détache sur un fond de paysage dans lequel on remarque une maison entourée d'eau et de murs crénelés. La femme est vêtue d'une robe de velours noir avec parements violets doublés de blanc. Sur son bonnet, elle porte un voile noir et autour du cou une lourde chaîne d'or. Elle se détache également sur un paysage avec maison de campagne.

Ce sont deux volets réunis dans un seul cadre. Les armoiries de ces deux personnages se voient dans des ornements en relief qui occupent le haut du tableau.

Collection Smets Steenehuyse, de Malines.

Bois.—H. 73 c. L. 68 c.

MILÉ (Francisque)

59 — Vue prise en italie.

Le site est montagneux et boisé. Au centre est une route qui coupe un lac. A droite, des fabriques; à gauche, sur le premier plan, une locanda et des bergers qui dansent.

Toile.—H. 50 c. L. 80 c.

MIREVELT (Michel)

60 — Portrait de Femme.

Elle est assise dans un fauteuil sculpté, la main gauche posée sur un des bras du fauteuil, l'autre sur son corsage; son costume est de satin noir broché. Une palatine est jetée sur ses épaules. Elle porte autour du cou nne fraise tuyautée,

Elle est coiffée d'un bonnet plissé. Sur une table couverte d'un tapis vert est son missel.

Portrait d'nne exécution remarquable.

Bois.—H. 112 c. L. 84 c.

MIERIS (François van)

61 — La Guitariste.

Devant une table couverte d'un tapis de Turquie où sont posés une orange et un plat d'argent sur lequel un verre de vin est servi, une dame pince de la guitare, près d'elle est une jeune homme qui l'écoute avec le plus vif intérêt. Un petit chien endormi sur un tabouret forme le complément de cette scène d'intérieur d'une exécution et d'un fini précieux.

Collection de M. Harman Vansvol.

Bois.—H. 32 c. L. 14 c.

MIERIS (d'après François)

62 — Jeune Fille laissant échapper un oiseau renfermé dans un coffret.

Bois.—H. 18 c. L. 14 c.

MOL (Pierre van)

63 — La Force brutale conduite au temple de la Justice par la Civilisation.

Esquisse librememcnt et vigoureusement exécutée, et d'une belle couleur.

Bois.—H. 65 c. L. 49 c.

MOLENAER (Jean-Miense)

64 — Conversation galante.

Bois.—H. 24 c. L. 21 c.

MOREL (Nicolas)

65 — Vase de fleurs.

Près ce vase est une jeune femme sur les genoux de laquelle un Amour entasse des fleurs.

Toile —H. 105 c. L. 138 c.

MYTENS (George)

66 — Portrait de femme avec mains.

Bois.—H. 115 c. L. 85 c.

NEER (Eglon van der)

67 — Portrait d'Homme.

Toile.—H. 89 c. L. 71 c.

NESTCHER (Constantin)

68 — Femme à sa toilette.

Elle est assise près d'une table couverte d'un tapis de soie. Son costume est de satin blanc et bleu. Au fond est un lit; une servante entre dans l'appartement.

Cuivre.—H. 45 c. L. 38 c.

OSTADE (Genre de)

69 — Une École de village.

Bois.—H. 38 c. L. 48 c.

PALAMÈDE (Stevens)

70 — Choc de cavalerie.

Le combat a lieu au bord du fleuve dans lequel les vaincus sont rejetés et que plusieurs traversent à la nage.

Excellente production du maître.

Bois.—H. 50 c. L. 76 c.

PALAMÈDE (Genre de)

71 — Réunion de Seigneurs.

Bois.—H. 48 c. L. 63 c.

POELEMBOURG (Attribué à). Signé

72 — Dans une grotte, des Femmes sont réunies près d'une fontaine.

Bois.—H. 23 c. L. 24 c.

PORBUS (Pierre)

73 — Portrait de Femme.

Bois.—H. 48 c. L. 36 c.

REMBRANDT (D'après)

74 — Portrait d'Homme.

Bois.—H. 33 c. L. 27 c.

RUBENS (Attribué à)

75 — Tête de jeune Femme.

Bois.—H. 38 c. L. 30 c.

RUYSCH (Rachel)

76 — Vase de fleurs.

Un vase de verre dans lequel des roses, des lis, des pavots, un œillet, une tulipe, des iris et autres fleurs sont groupés est déposé sur une table de marbre à demi-couverte d'un tapis de soie frangé d'or.

Toile.—H. 79 c. L. 63 c.

RYCKAERT (Genre de David)

77 — La Peseuse d'or.

Toile.—H. 63 c. L. 48 c.

SLINGELAND (Pierre van)

78 — La Marchande de volaille.

Dans l'intérieur d'un appartement, une jeune femme assise près d'une fenêtre suspend son travail de dentelle pour marchander un beau coq que lui présente une marchande de volaille; près d'elle est une corbeille à ouvrage et divers accessoires touchés avec grande finesse.

Collection Harman Vanswol, d'Amsterdam.

Bois.—H. 37 c. L. 30 c.

SPRANGER (Barthélemy)

79 — Résurrection de Lazare.

Lazare, entouré de son linceul, est sorti de son tombeau. Notre Seigneur, calme au milieu de la foule, touche le front du mort, et aussitôt il recouvre la vie. Les personnages de tout âge, de tout sexe, témoins d'un tel miracle, expriment par leurs gestes et par leurs poses les sentiments divers dont ils sont pénétrés.

Cette composition importante se recommande à tous les titres, surtout par l'extrême rareté des œuvres du maitre.

Toile.—L. 207 c. H. 158 c.

STEEN (Signé JEAN)

80 — Scène familière.

Toute une famille est réunie autour d'une table au centre de laquelle est un jambon servi sur un plat d'étain. Tous chantent, rient, boivent, au point d'assourdir la maîtresse de maison, qui se bouche les oreilles. A gauche, sur le premier plan, est une jeune femme assise qu'une petite fille caresse. A droite, un des convives tire de la bière à un tonneau. Un chien et divers accessoires terminent cette composition remplie d'animation et de gaîté.

Toile.—H. 67 c. L. 84 c

SWAANENBURG (GUILLAUME VAN)

81 — Paysage montagneux.

Toile.—H. 63 c. L. 48 c.

SWART (JEAN)

82 — Triptyque.

Au centre, le Christ en croix; à sa droite, la Vierge; à sa gauche, saint Jean.

— Jésus conduit au Calvaire.

— Ensevelissement de Notre-Seigneur.

Bois.—H. 58 c. L. 52 c.

TÉNIERS (DAVID)

83 — Buveurs et Fumeurs.

Bois.—H. 32 c. L. 48 c.

TOL (Genre de VAN)

84 — Femme jetant de l'eau par la fenêtre.

Bois.—H. 22 c. L. 17 c.

TROJEN (Rombout van)

85 — Paysage avec ruines.

Un personnage suivi d'une nombreuse suite est reçu par un officier vêtu à la romaine qui lui fait admirer les ruines d'un temple monumental dont la déesse est encore intacte sur son autel. Le site est montagneux et parsemé de monuments funéraires également ruinés; mais à la gauche du tableau, on aperçoit un su[illegible]be mausolée auquel on arrive par un pont monumental, et vers lequel de nombreuses petites figures se dirigent.

Collection J.-F. d'Orwielle, d'Amsterdam.

Bois.—H. 29 c. L. 47 c.

VELDE (Adrien Van de)

86 — Paysage et Animaux.

Sur un tertre, deux vaches debout au bord d'un chemin, un mouton et une troisième vache couchée se détachant sur un fond de paysage forment toute la composition; mais ces animaux vivent et ce petit tableau séduit par l'harmonie de sa couleur.

Toile.—H. 23 c. L. 29 c.

VELDE (Isaac van de)

87 — Marine.

Toile.—H. 75 c. L. 102 c.

VOORHOUT (Jean), le jeune

88 — Intérieur d'estaminet.

Une femme assise à la table de buveurs, chante accompagnée par un joueur de violon debout près d'elle.

Bois.—H. 29 c. L. 36 c.

VOS (Martin de)

89 — Notre-Seigneur condamné, est renversé et frappé par ses gardiens.

C.—H. 42 c. L. 30 c.

VRIES (JEAN-FREDEMAN)

90 — Paysage avec chute d'eau.

Bois.—H. 65 c. L. 48 c.

VRIES (Genre de DE)

91 — Paysage avec moulin à vent.

Bois.—H. 36 c. L. 50 c.

WALRAVEN (BAAK). Signé et daté 1726

92 — Mort d'Épaminondas.

Dans sa tente, le grand capitaine thébain est étendu sur son lit revêtu de sa cuirasse et percé du javelot qui lui donna la mort. Il est entouré de ses officiers, de sa famille, tous dans une désolation profonde. La scène représente le moment où Pélopidas accourt recevoir les derniers adieux de son ami.

Un fini précieux, des expressions bien senties, une couleur agréable distinguent cet excellent tableau d'un maître très-rare à rencontrer.

Collection Locket.

Bois.—H. 61 c. L. 80 c.

WEYDE (ROGER VAN DER)

93 — Le Christ en croix.

Jésus est expirant sur la croix. Trois anges dans des coupes d'or recueillent le sang qui découle de ses plaies. A sa droite, la Vierge revêtue d'un large manteau bleu et d'un voile blanc qui lui couvre la tête et tombe sur ses épaules, est debout accablée de douleur. Saint Jean non moins attristé, les mains croisées sur la poitrine, est à sa gauche priant avec ferveur. Madeleine dans un riche costume, agenouillée au pied de la croix, la tient embrassée. Au fond est la ville de Jérusalem dont on aperçoit les principaux monuments et le temple.

Bois.—H. 107 c. L. 72 c.

WILLAERTS (ADAM)

94 — Paysage-Marine.

Bois.—H. 22 c. L. 60 c.

WITT (EMMANUEL DE)

95 — Intérieur de temple.

Bois.—H. 125 c. L. 92 c.

WOUWERMANS (PHILIPPE)

96 — Halte de Voyageurs.

A la porte d'une hôtellerie, trois cavaliers se disposant au départ. Le premier tient par la bride un beau cheval blanc et compte de l'argent dans la main d'un palefrenier occupé à maintenir le cheval du second cavalier qui, le pied sur l'étrier, s'apprête à s'y élancer. Le troisième à cheval, portant sur l'épaule un lièvre suspendu à un bâton, gagne la route.

Toutes ces figures se détachent sur un ciel nuageux dont l'harmonie se lie agréablement à l'ensemble général de ce séduisant petit tableau.

Bois.—H. 30 c. L. 27 c.

ZEYTBLOOM (BARTHÉLEMY)

97 — Christ en croix.

A sa droite, la Vierge, à gauche, saint Jean et au pied de la croix, la Madeleine.

Bois.—H. 51 c. L. 39 c.

ZORG

98 — Intérieur de cuisine.

En face d'une cheminée une bonne femme est occupée à peler des navets contenus dans un grand panier. Un petit garçon est debout à son côté. Un chat qui se chauffe, une bassine de cuivre, un vase de terre dans lequel elle dépose ses navets et autres accessoires sont placés à terre autour d'elle.

Bois.—H. 23 c. L. 29 c.

INCONNUS

99 — Sujet allégorique.

Toile.—H. 61 c. L. 82 c.

100 — Conversion de saint Paul.

Bois.—H. 134 c. L. 107 c.

101 — Chiens et Valets.

Bois.—Rond. 30 c.

ÉCOLE FRANÇAISE

BAPTISTE MONOYER

102 — Vase de Fleurs.

Un bouquet de fleurs dans un vase avec bas-reliefs déposé sur une table de pierre.

Ce tableau d'une couleur brillante, touché avec liberté, est du plus beau faire du maître.

Toile.—H. 53 c. L. 65 c.

CALAME (A.)

103 — Vue prise en Suisse.

Œuvre capitale.

Toile.—H. 105 c. L. 170 c.

JULIEN (Simon), dit Julien de Parme

104 — Narcisse.

Un carquois sur l'épaule, le fils de Céphise s'est arrêté près d'un clair ruisseau dans lequel il s'admire.

Toile.—H. 166 c. L. 125 c.

REYNOLDS

105 — Paysage.

Etude librement touchée.

Toile.—H. 65 c. L. 81 c.

ÉCOLE ITALIENNE

D'ACOSTA (Signé 1783)

106 — Portrait d'un Anatomiste.

Toile.—H. 44 c. L. 36 c.

L'ESPAGNA (Jean, dit)

107 — La Vierge et l'Enfant.

La Vierge Marie tenant l'Enfant Jésus sur ses genoux, est assise sur une espèce de trône enrichi de sculptures et de fines arabesques. A sa droite et à sa gauche, sont deux anges en adoration.

Bois.—H. 50 c. L. 37 c.

INCONNUS

108 — Paysage.

Toile.—H. 30 c. L. 38 c.

109 — Portrait de Femme tenant des fruits sur ses genoux.

Toile.—H. 45 c. L. 34 c.

110 — Portrait de Femme en buste.

Toile.—H. 63 c. L. 48 c.

111 — L'Enfant Jésus chez les Docteurs.

Toile. —H. 56 c. L. 80 c.

Renou et Maulde, imprimeurs de la Compagnie des Commissaires-Priseurs, rue de Rivoli, 144. 50323

www.ingramcontent.com/pod-product-compliance
Lightning Source LLC
LaVergne TN
LVHW021528140926
848035LV00047B/1255